AF284223

Barcelona

lieben lernen

Der perfekte Reiseführer für einen unvergessli-chen Aufenthalt in Barcelona inkl. Insider-Tipps, Tipps zum Geldsparen und Packliste

Marina Schulte

Alle Ratschläge in diesem Buch wurden sorgfältig erwogen und geprüft. Eine Garantie kann dennoch nicht übernommen werden. Eine Haftung für jegliche Personen-, Sach- und Vermögensschäden ist daher ausgeschlossen. Die Benutzung dieses Buches und die Umsetzung der darin enthaltenen Informationen erfolgt ausdrücklich auf eigenes Risiko.

✈ INHALT

Das erwartet Sie in diesem Buch

Sie wollten schon immer einmal einen Städtetrip mit einem Urlaub am Meer verbinden? Sowohl zeitgenössische Architektur und Kultur bewundern als auch eine jugendliche und lebendige Atmosphäre erleben? Dann ist Barcelona genau das richtige Ausflugsziel für Ihren nächsten Urlaub!

In diesem Buch erfahren Sie alles über die im Nordosten Spaniens gelegene katalanische Hauptstadt, die den dritten Platz der von Touristen am meist besuchten Städte Europas belegt. Von der

Kultur über das Leben und die Leute der Stadt bis hin zu den spannendsten und sehenswertesten Attraktionen, Sehenswürdigkeiten und Ausflugszielen rund um Barcelona werden Ihnen hier alle hilfreichen Informationen und Tipps nahegebracht.

Es ist weit mehr als die direkte Lage am Mittelmeer, die geschichtsträchtigen Bauten aus dem römischen Reich, dem späteren Mittelalter und den imposanten Schöpfungen der Modernisme, die Barcelona zu einer so erkundenswerten Stadt machen. Denn das Beste ist – in dieser Stadt kommt jeder auf seine Kosten. Kunst- und Kulturfreunde können die zahlreichen Kirchen bewundern, die architektonischen Meisterwerke des berühmten Gaudí bestaunen oder die Museen über Joan Miró oder Pablo Picasso besuchen. Für Sportfans ist ein Besuch des riesigen Stadions Camp Nou, Heimstätte des Fußballvereins FC Barcelona, mehr als lohnenswert.

Wer es lieber ruhig mag, sonnt sich am Strand und badet vielleicht sogar im Meer oder schlendert etwa durch den berühmten Park Güell. Aber auch für diejenigen, die mehr Action brauchen, wird in Barcelona von Shoppingmöglichkeiten bis über ein pulsierendes Nachtleben und eine Vielzahl sportlicher Aktivitäten einiges geboten.

Egal, ob mit oder ohne Kinder, mit kleinem oder großem Budget in der Tasche, als Kurztrip oder längerer Urlaub – wir zeigen Ihnen die besten Ziele für einen Besuch in Barcelona.

Wissenswertes über Barcelona

In diesem Kapitel möchten wir Ihnen Barcelona zunächst vorstellen. Hier möchten wir die grundlegendsten sowie die wissenswertesten Informationen liefern. Darüber hinaus möchten wir über die Kultur und das Leben in der Stadt berichten, dementsprechend also aufzeigen, was es ist, das Barcelona so besonders macht und was die charakteristischen Merkmale der Stadt sind.

ALLGEMEINE INFORMATIONEN

Barcelona ist die zweitgrößte Stadt Spaniens und die Hauptstadt von Katalonien. Katalonien ist eine Region im Nordosten des Landes und auf politischer Ebene eine von 17 autonomen Gemeinschaften Spaniens. Das bedeutet, dass die Gemeinschaft Katalonien eine Selbstverwaltung beziehungsweise eine politische Entscheidungs- und Handlungsfreiheit in Angelegenheiten der Gesetzgebung und des Vollzugs besitzt. Dennoch gehört die Gemeinschaft trotz Bestrebungen, als von Spanien unabhängige Republik anerkannt zu werden, nach aktuellem Stand weiterhin zu Spanien.

Bevölkerung und Sprache
Mit 1,62 Millionen Einwohnern, die innerhalb des Stadtgebietes leben, ist Barcelona eine Millionenstadt. Im weiteren Einzugsbereich der Metropolregion, welche einen von sieben Teilen Kataloniens ausmacht, sind es sogar 4,86 Millionen Menschen. Mit über acht Millionen Touristen pro Jahr ist Barcelona hinter London und Paris die drittmeistbesuchte Stadt Europas.

Die offizielle Sprache in Barcelona ist Katalanisch, aber auch Spanisch wird in Katalonien als Sprache akzeptiert und gesprochen. An den meisten Orten der Stadt werden Informationen auf beiden Sprachen gegeben.

Lage und Klima

Barcelona liegt im Nordosten des Landes direkt am Mittelmeer und südöstlich der Pyrenäen, einer rund 430 Kilometer langen Gebirgskette, die geographisch gesehen über der Staatsgrenze zwischen Frankreich und Spanien liegt und sich vom Atlantischen Ozean im Westen bis zum Mittelmeer im Osten zieht.

Die Stadt ist von kleinen Hügeln durchzogen, auf denen die bebauten Viertel der Stadt entstanden sind. Im Hintergrund der Stadt ragt die Serra de Collserola, Teil des Küstengebirges, auf, von wo aus man einen perfekten Blick auf die gesamte Stadt, den Hafen und das Meer hat.

Das Klima in Barcelona ist, geschuldet durch seine Lage an der Mittelmeerküste, mediterran und gehört den Subtropen an. Das heißt, es besteht aus heißen, trockenen Sommermonaten und milden Wintermonaten. Die Spitzentemperaturen von bis zu 29 °C herrschen vor allem im Juli und August, selbst in den Wintermonaten wird es jedoch meist nie kälter als 12 °C. Die monatliche Anzahl der Regentage übersteigt nie 5 Tage. Zwischen Juni und Oktober, in denen sich die Wassertemperatur über 20 °C befindet, ist in Barcelona die Badesaison.

KULTUR UND ARCHITEKTUR

Die Kultur Barcelonas bezieht sich nicht nur auf das heutige Leben in der Stadt, sondern findet seinen Ursprung in seiner langjährigen Geschichte. Kulturell besonders und Ausdruck der Geschichte Barcelonas ist heute aber vor allem seine Architektur, in der man viel über die Historie der Stadt erfährt, die heutzutage sein Stadtbild und das Leben vor Ort prägt.

Die architektonischen Meisterwerke, die für Barcelona bekannt sind, umspannen mehr als 2.000 Jahre und sind durch verschiedene Epochen beeinflusst. Unterteilen kann man diese insbesondere in die römische Epoche, die mittelalterliche Epoche und die moderne Epoche. Das römische Zeitalter in Barcelona begann im ersten Jahrhundert vor Christus. In diesem Jahrhundert liegt der Ursprung

Barcelonas, als die damaligen Römer eine kleine Kolonie namens Barcino gründeten. Einige Bestandteile dieser römischen Stadt sind noch heute in Barcelona zu finden. So beispielsweise Teile der ehemaligen Mauer der römischen Stadt, die heute im Bereich der Kathedrale und entlang einer der Hauptverkehrsstraßen der Stadt, in der Altstadt Ciutat Vella, verläuft. Nicht weit davon entfernt sind vier Säulen des römischen Tempels des Augustus erhalten geblieben.

Das nächstprägende Zeitalter Barcelonas, das sich vor allem in seiner Architektur wiederfindet, war das Mittelalter, welches jedoch eine ganze Zeitspanne später als die Römerzeit begann. Ende des 13. Jahrhunderts erlebte Barcelona durch seinen Handel im Mittelmeerraum, seiner direkten Lage an der Küste geschuldet, einen regelrechten Boom und entfaltete und vergrößerte sich weiter. Die Stadt von damals ist das heutige Barri Gòtic, das gotische Viertel und heutiger Stadtkern Barcelonas.

Weitere Jahrhunderte später begann die Zeit der Moderne. In dieser Zeit untergab sich Barcelona einem Umgestaltungsprozess. Die alten Stadtmauern wurden abgerissen, da die Stadt erweitert werden sollte. Mit diesem Plan der Erweiterung der Stadt wurde 1859 der Ingenieur Idelfons Cerdà beauftragt. Er entwarf den heutigen Bezirk ‚Eixample', der sich nördlich der Altstadt befindet. Dieser Auftrag hatte auch den Grund, Wohnraum für die wachsende Bevölkerung zu schaffen. Er entwarf ein neues Muster, ein regelmäßig rechtwinkliges Raster mit quadratischen Häuserblocks, welches zur Vereinheitlichung des Straßennetzes führte. Diese geradlinig verlaufenden Straßen, die so gut wie keine kurvenartigen Verläufe aufweisen, prägen auch heute das Stadtbild der Gebäude und Straßen von Barcelona und sind vor allem aus der Höhe bei einem Blick auf die Stadt deutlich erkennbar.

Ende des 19. Jahrhunderts wurde die Stadt noch weiter ausgebaut. Zu dieser Zeit erlebte Barcelona seinen Höhepunkt in der Blütezeit des katalanischen Modernismus. Die Zeit des katalanischen Jugendstils dauerte in etwa von 1878 bis 1910 an und hinterließ der Stadt ein unverkennbares Kulturerbe. Ein Beweis dafür ist, dass sich in keiner anderen Stadt so viele Bauwerke auf der UNESCO-Liste des Welterbes befinden wie in Barcelona mit insgesamt neun Bauwerken. Dieser Stil war gleichzeitig ein Ausdruck der katalanischen Unabhängigkeitsbestrebung, da er sich bewusst sehr von dem Jugendstil des restlichen Europas unterschied und die Identität Kataloniens herausstellen sollte. Der Modernisme wollte, wie man seinem Namen entnehmen kann, vor allem eins, und zwar modern sein. Sein architektonisches Konzept beruhte auf der Grundlage von Natürlichkeit und Bewegung, die sich durch viele wellenförmige und ungerade Linien in vielen der damals entstandenen Bauwerke wiederfinden.

In der Malerei prägten vor allem Elemente des Impressionismus und Symbolismus die Ausdrucksweise und Werke der Künstler. Grundlegend ging es also um die Auslebung der Fantasie und die Grenzenlosigkeit von Regeln, die der traditionellen Regelhaftigkeit und Pragmatik in der Kunst und Architektur entgegengesetzt wurden.

Zu den bekanntesten Architekten dieser Zeit gehören in erster Linie Domènech i Montaner, Josep Puig i Cadafalch und im Speziellen Antoni Gaudí. Letzterer gilt als der berühmteste Architekt Barcelonas, in manchen Ohren sogar als der berühmteste Sohn der Stadt. Von ihm stammt unter anderem die Sagrada Família, die immer noch nicht fertiggestellte Kirche und dennoch beliebteste und meistbesuchte Sehenswürdigkeit Barcelonas. Darüber hinaus entwarf er die ebenfalls weltweit bekannten Häuser Casa Batlló und Casa Mila, die durch ihre einzigartige Form und Bauweise sowie ihre winzigen Details unvergleichlich das Bild Barcelonas bestimmen und heutzutage besichtigt werden können.

LEBEN UND LEUTE

Um Ihnen das Leben in Barcelona und die Mentalität der Menschen vor Ort näherzubringen, wollen wir Ihnen hier einige Informationen über die Lebensweise in Katalonien und seiner Hauptstadt mit auf den Weg geben.

Ganz grundlegend lässt sich festhalten, dass fast alle Menschen, die in Barcelona leben, dorthin auswanderten oder auch nur für einen Urlaub dort waren, die Lebensqualität Barcelonas als sehr hoch einschätzen. Die Stadt bietet eine perfekte Mischung aus Klima, Infrastruktur, der Herzlichkeit und Offenheit der Einheimischen sowie dem kulturellen Angebot. Sie hat sowohl für Naturliebhaber durch ihre

Lage am Meer sowie ihre Berge im katalanischen Hinterland einiges zu bieten und ist trotzdem gleichzeitig eine lebendige Großstadt mit einem ausgeprägten Nachtleben sowie einer guten Vernetzung öffentlicher Verkehrsmittel. Barcelona beinhaltet zum einen Wesenszüge einer internationalen, weltoffenen Metropole und behält sich dennoch den typischen spanischen beziehungsweise katalanischen Charme mit seinen kulturellen Bräuchen und Mentalitäten bei.

Eine dieser Eigenarten findet sich zum Beispiel in den Essenszeiten wieder. Denn in Barcelona wird sehr spät gegessen. Die meisten Restaurants machen abends nicht vor 20:30 Uhr auf, einige sogar erst um 21 Uhr, gegessen wird sogar erst um 22 Uhr. Das Frühstück wird in Katalonien nicht unbedingt groß zelebriert und als nicht so wichtig befunden, dafür wird dann beim Mittag, das zwischen 14 und 16 Uhr eingenommen wird, ordentlich zugeschlagen. Mit vollem Bauch wird dann die wohlbekannte Siesta, die Ruhepause, abgehalten. Zu Abend wird dann meist erst wieder wie erwähnt in etwa zwei Stunden vor Mitternacht gegessen. Bei wem sich der Hunger jedoch früher schon meldet, kann in einer der vielen

Tapasbars einen kleinen Snack, wie zum Beispiel Sardellen, Wurst, Tintenfisch oder Ähnliches zu sich nehmen.

Wofür die Katalanen auch bekannt sind, ist ihre Feierlaune. Vor allem im Sommer werden auf den Straßen Barcelonas zahlreiche Feste gefeiert. Zudem hat Barcelona seine ganz eigenen Traditionen und Feiertage. Der wichtigste unter ihnen ist der katalanische Nationaltag Kataloniens, der am 11. September gefeiert wird. Jedes Jahr sammeln sich die katalanischen Einwohner zusammen und marschieren auf den Straßen, um an den Verlust der politischen Unabhängigkeit Kataloniens von 1714 zu erinnern und für die erneute Unabhängigkeit zu kämpfen.

Doch wer feiern kann, muss auch ruhen. Wie steht es um die berühmt berüchtigte spanische Siesta, den spanischen Mittagsschlaf? Bis vor einigen Jahren galt die Regelung, dass alle Geschäfte und Unternehmen – ob Modegeschäft, Apotheke oder Amt – zwischen 14 und 16 Uhr ihre Mittagsruhe abhalten und ihre Türen schließen. Dieses Gesetz wurde 2012 jedoch aufgehoben und die Läden durften ihre Öffnungszeiten um die Mittagsstunden verlängern, was vor allem die großen Kaufhäuser und Ladenketten auch in die Tat umsetzten. Allerdings ist es heute immer noch so, dass einige der kleineren Geschäfte zur Mittagszeit ihre Siesta abhalten und die Rollläden ihrer Geschäfte pünktlich um 14 Uhr mittags herunterfahren.

Die besten Tipps

In diesem Kapitel wollen wir Ihnen die besten Tipps für Unternehmungen und Möglichkeiten von Aktivitäten für Ihren Besuch in Barcelona vorstellen. Denn in Barcelona gibt es eine Vielzahl an Dingen, die man unternehmen kann und eine Reihe Attraktionen, die man unbedingt gesehen haben muss.

Wir zeigen Ihnen hier zum einen die besonderen Attraktionen und Sehenswürdigkeiten auf, die jährlich mehrere Millionen Reisende anziehen und Barcelonas Stadtbild prägen. Des Weiteren stellen wir Ihnen weitere Möglichkeiten an Unternehmungen und die besten Geheimtipps vor, die über die typischen Touristenattraktionen hinausgehen und die Hauptstadt Kataloniens von seiner puren und wunderschönen Seite zeigen. Als Plus kommen dazu noch Ausflugsziele rund um Barcelonas Umgebung. Denn nicht nur Barcelona selbst ist schön, auch die anliegenden Städte und Ortschaften haben so einiges zu bieten und für dessen Besichtigung sich ein Tagesausflug von Barcelona aus definitiv lohnt!

ATTRAKTIONEN UND SEHENSWÜRDIGKEITEN

In diesem Kapitel stellen wir Ihnen die wichtigsten und lohnenswertesten Attraktionen und Sehenswürdigkeiten Barcelonas vor, die man sich auf keinen Fall entgehen lassen darf.

Die jeweiligen Attraktionen wurden hierbei in verschiedene Kategorien eingeteilt, um Ihnen einen besseren Überblick zu verschaffen und damit Sie, je nach variierenden Interessen, selbst entscheiden und herausfinden können, welche die Must-See-Sehenswürdigkeiten speziell für Ihren Barcelona-Trip sind. Dort werden jeweils die wichtigsten

Informationen und Tipps zu den jeweiligen Attraktionen geliefert und eine kurze Beschreibung der Sehenswürdigkeiten gegeben.

Lassen Sie sich informieren und inspirieren, um Ihren Barcelona-Aufenthalt auf Ihre individuellen Bedürfnisse zuzuschneiden und unvergesslich werden zu lassen!

Straßen und Märkte

La Rambla, Mercat de la Boqueria

La Rambla

La Rambla bezeichnet die berühmteste und vollste Fußgängerstraße Barcelonas. Die 1,2 Kilometer lange Allee verläuft vom Plaça de Catalunya, dem Hauptplatz der Stadt, direkt bis hinunter zum Meer, zum Hafen Port Vell. Der Boulevard mit den vielen Boutiquen und Souvenirgeschäften, auf denen man herrlich lange flanieren kann, ist insbesondere bei Touristen sehr beliebt. Die vielen Straßencafés, Blumen- und Marktstände, Straßenmusikanten, lebenden Statuen und die sich dort vielen tummelnden Menschen bringen der Meile eine lebendige, fast schon festliche Atmosphäre. Zudem befinden sich entlang ihres Weges weitere Sehenswürdigkeiten wie der Mercat de la Boqueria, der im nächsten Abschnitt vorgestellt wird, oder auch verschiedene bedeutende Galerien.

Auf mittlerer Strecke der La Rambla befindet sich der Mercat de la Boqueria, der dauerhaft existierende Frischmarkt, der einer der größten Märkte Europas ist. Das endlose Angebot an frischen Lebensmitteln reicht von Obst und Gemüse über Fisch und Fleisch weiter über Wurst und Käse bis hin zu Pralinen und weiteren Naschereien. Am Ende der überdachten Meile servieren zahlreiche Bars und Stände sogar Tapas auf die Hand. Der Ort ist perfekt, um die katalanische Kultur zumindest auf geschmacklicher Basis besser kennenzulernen und zu erleben.

Kirchen

> La Sagrada Família, Església de Santa Maria del Mar, Kathedrale von Barcelona

La Sagrada Família

Die Sagrada Família ist DAS Wahrzeichen der Stadt. Die römisch-katholische Basilika erhebt sich nördlich der Altstadt im Stadtteil Eixample. Die Kathedrale vereint verschiedene Baustile. Konzipiert und entworfen im Stil der Neugotik war es später ebenfalls Gaudí, der die Kirche im Stil der Modernisme weiterentwickelte. Später traten vor allem an den Fassaden ebenso Elemente der Moderne hervor. Bis zum heutigen Tage ist der Bau, der 1882 begonnen wurde, nicht fertiggestellt. 2026 soll er jedoch schließlich beendet werden. Die imposant hervorragenden Säulen, die vielen Buntglasfenster, durch die das Licht märchenhaft schimmert, und die vielen ausgearbeiteten Details und ihrer Symbolik in den Fassaden machen die Kathedrale zu einem wahrhaften Meisterwerk, dessen Besichtigung man sich bei einem Besuch in Barcelona auf keinen Fall entgehen lassen sollte.

> **Aufgepasst:** *Tickets für einen Besuch der Kathedrale sollten einige Tage im Voraus gekauft werden!*

Església de Santa Maria del Mar

Die Església de Santa Maria del Mar, übersetzt ‚die Kirche der Heiligen Maria des Meeres', ist ein Beispiel der katalanischen Gotik. Allerdings sind die Reinheit und Einheitlichkeit in ihrem Stil unüblich für diese Epoche und Bauten des Mittelalters. Entstanden ist sie zur Blütezeit der katalanischen

Vorherrschaft im Handel und See. 1384 wurde sie eingeweiht, während ihre Bauzeit zuvor nur 59 Jahre dauerte, also halb so viel wie die geplante Zeit der Sagrada Família. Bemerkenswert: Während des spanischen Bürgerkriegs überstand sie ein elf Tage andauerndes Feuer. Heute finden in der Kirche regelmäßige Veranstaltungen wie beispielsweise Lesungen oder Konzerte statt.

Kathedrale von Barcelona

Eine weitere Kathedrale, die nur Kathedrale von Barcelona genannt wird (katalanisch *La Catedral de la Santa Creu i Santa Eulàlia*), ist ebenfalls eine gotische Kirche und befindet sich in der Altstadt Barcelonas und zugleich im Barri Gòtic, dem Gotischen Viertel, welches das Zentrum Barcelonas darstellt. Die Fertigstellung erfolgte 1448, die Fassade wurde erst zwischen 1887 und 1998 hinzugefügt und der mittlere Turm entstand zwischen 1906 und 1913. Im Inneren der Kirche befinden sich unter anderem Dutzende Kapellen, eine Krypta, in der sich das Grab der verehrten Märtyrerin Heiligen Eulalia befindet, dessen Name die Kirche trägt, und ein einzigartiger Kreuzgang, der einem Garten gleicht und dreizehn Gänse beherbergt.

Bauwerke und Museen bekannter Künstler

Casa Batlló, Casa Milà (La Pedrera), Fundació Joan Miró, Museu Picasso

Casa Batlló

Das Casa Batlló (*dt. Haus Batlló*) ist eine der berühmtesten Sehenswürdigkeiten Barcelonas. Es steht mitten im Passeig de Gràcia, dem Prachtboulevard und der luxuriösen Shoppingmeile Barcelonas im Stadtteil Eixample. Anfang des 19. Jahrhunderts wurde es vom Architekten Antoni Gaudí entworfen und im modernen Stil erbaut. Auffällig ist zum einen die Farbenfrohheit der Fassade und zum anderen, dass es von außen am Gebäude keine Ecken gibt, sondern alles wellenförmig und abgerundet ist. Auch im Inneren des Hauses verwendete Gaudí keineswegs gerade Linien. Außerdem ist der Vorbau des Hauses mit bunten und aufwendigen Mosaiken bedeckt. Das Haus steht unter Denkmalschutz und wurde 2005 zusammen mit weiteren Werken Gaudís in die Liste des UNESCO-Weltkulturerbes aufgenommen.

Casa Milà (La Pedrera)

Das Casa Milà ist ebenfalls ein Bauwerk Gaudís, genauer gesagt ein Wohngebäude beziehungsweise ein Appartmentkomplex. Genau wie das Casa Batlló steht es im Passeig de Gràcia im Stadtteil Eixample. Das Casa Milà wird auch ‚La Pedrera‘ genannt, was übersetzt so viel heißt wie ‚der Steinbruch‘. Diese Bezeichnung bezieht sich auf das Äußere des Gebäudes. Auch bei diesem Bauwerk erkennt man sofort auf den ersten Blick den typischen Gaudí-Stil: Die wellenförmige Fassade sowie Terrasse, die Unregelmäßigkeit der Fassade mit vielen Vorsprüngen und wild geformten Balkonen, bizarr geformte Schornsteine, paradoxe Säulen und Bögen und zahlreiche Schnörkeleien.

Das Besondere am Casa Milà ist jedoch die Dachterrasse, die nach Kauf eines Tickets besichtigt werden kann und von der aus man eine herrliche Aussicht auf die Stadt hat. Dies ist allerdings nur bei gutem Wetter möglich. Im Haus selbst befindet sich heute ein Museum mit abwechselnden Ausstellungen, eine eingerichtete Wohnung aus dem 20. Jahrhundert sowie eine Ausstellung über Gaudí und seine Arbeit auf dem Dachboden des Gebäudes.

Fundació Joan Miró

Joan Miró stammte aus Barcelona und war einer der bekanntesten Künstler seiner Zeit. Berühmt war er für seine surrealistischen Werke, auch vom Dadaismus ließ er sich beeinflussen. Miró war nicht nur Maler, sondern auch Grafiker, Bildhauer und Keramiker. Er gehörte zu den Vertretern der klassischen Moderne des 20. Jahrhunderts. In der Fundació Joan Miró sind zahlreiche Werke aus seinem Leben und seiner künstlerischen Karriere ausgestellt. Die Galerie befindet sich oberhalb der Stadt auf dem Montjuïc, einem der beiden markantesten Berge Barcelonas.

Museu Picasso

Im Museu Picasso sind vor allem die früheren Werke des weltberühmten Malers Pablo Picasso ausgestellt. Geboren wurde der Künstler in Málaga, lebte jedoch im Alter von 15 bis 23 Jahren in Barcelona, weshalb die Stadt einen großen Einfluss auf sein künstlerisches Schaffen hatte. Auch er fabrizierte – genau wie Miró – im frühen und mittleren 20. Jahrhundert und war ein Abbild der Klassischen Moderne. Im Museum sind vor allem die Jugendwerke

Picassos ausgestellt, die zwischen 1895 und 1904 entstanden sind, jedoch auch einige Werke und Serien aus späteren Jahren, die er zum Ende seiner Laufbahn kreierte. Auch von außen lässt sich das Museum sehen. Es bildet eins von fünf zusammenhängenden gotischen Häusern aus dem Mittelalter und liegt sehr zentral in der Stadt im Stadtteil La Ribera.

Parks und zugehörig

Park Güell, Parc de Montjuïc & Font Magica

Park Güell

Der Park Güell ist mit drei Millionen Besuchern pro Jahr nach der Sagrada Família die zweitwichtigste und -größte Sehenswürdigkeit Barcelonas. Der Park vereint in die Natur eingebaute Architektur und künstlerisches Schaffen. Er wurde ebenfalls von Antoni Gaudí entworfen und entstand zwischen 1900 und 1914. Den Namen erhält der Park daher, dass der Bau der Parkanlage eine Auftragsarbeit für den Industriellen Eusebi Güell war, der die Art von englischen Gartenanlagen nach Barcelona transferieren wollte. Ursprünglich war die Parkanlage als Wohnanlage gedacht, aufgrund mangelnder Interessenten wurden jedoch nur zwei Häuser je bezogen. Ein Highlight des Parks ist jedoch das Haus, in dem Gaudí die letzten 20 Jahre seines Lebens verbrachte.

Mit seinen unzähligen farbenfrohen Mosaiken fühlt man sich von Betreten des Parks an wie in einer Märchenwelt. Die Anlage besteht unter anderem aus vielen Wegen und Treppen, die der Natur angepasst wurden, Fußgängerbrücken sowie dem Hauptplatz oder auch der Terrasse, die von den Säulen der Halle getragen wird, und dem Saal, der ursprünglich als Marktplatz der Wohnanlage gedacht war. Weltberühmt ist die mit Bruchkeramik verzierte, wellenförmige Bank oberhalb der Säulenhalle, von der aus man sowohl eine wunderbare Aussicht über die Stadt genießen als auch Richtung Meer blicken kann.

Parc de Montjuïc & Font Magica

Der 213 Meter hohe Berg Montjuïc ist der bekannteste Berg Barcelonas und liegt im südlichen Hinterland der Stadt. 1929 wurde auf ihm die Weltausstellung ausgetragen. Einige der vielen Sehenswürdigkeiten des Parks, der den Berg umfasst, wurden extra für diese Ausstellung gebaut.

Zu den Sehenswürdigkeiten gehören unter

anderem das Museu Nacional d'Art de Catalunya, ein Kunstmuseum, das eine Vielzahl von Werken bekannter katalanischer Künstler beherbergt. Dazu kommt das in einem der vorherigen Kapitel vorgestellte Museum über Joan Miró. Auf dem Berg liegt ebenfalls der Font Magica, der magische Springbrunnen, der abends eine spektakuläre Show aus Licht, Musik und Wasserakrobatik zeigt. In weiter Höhe auf dem Montjuïc liegt ebenso das Olympiastadion Barcelonas und nicht unweit davon das Olympiamuseum, das sich den Olympischen Spielen 1992 widmet, die in Barcelona ausgetragen worden sind.

Der Montjuïc beherbergt zudem den Botanischen Garten von Barcelona, die in der Katalanischen Revolution entstandene Festung von Barcelona oder auch das ‚Poble Espanyol', das spanische Dorf und heutige Freilichtmuseum, das Formen spanischer Architektur aus verschiedenen Regionen des Landes vereinen soll.

Lohnens- und empfehlenswert für die Besichtigung des Berges ist ebenfalls die Fahrt mit der Seilbahn, die die Stadt mit dem Gipfel des Montjuïcs verbindet.

Musik und Kunst

Palau de la Música Catalana, Museu Nacional d'Art de Catalunya

Palau de la Música Catalana

Der Palau de la Música Catalana befindet sich im Zentrum Barcelonas, im älteren Teil der Stadt, und ist einer der schönsten Konzerthäuser der Welt. Das Gebäude, das 1908 fertiggestellt wurde, war ursprünglich als Sitz des katalanischen Volkschors gedacht und erfüllt diese Funktion bis heute. Allerdings finden dort heutzutage unter anderem auch Pop- und Rockkonzerte statt, weshalb die Akustik des Saals daran angepasst werden musste, da sie anfänglich ausschließlich auf ein Klangbild für Chormusik ausgerichtet war.

Auch Opernmusik, Flamenco- oder Jazzkonzerte bekommt man dort heutzutage zu hören. Beeindruckend am Palast sind aber sicherlich nicht nur seine Klänge, die im Saal zum Vorschein kommen, sondern auch die innere Ausstattung des Baus, die insbesondere durch die Verwendung von Keramik und Glas imponiert. Blickfangend ist auch die ins Innere des Saals hineinragende Kuppel, durch die die

Sonneneinstrahlung und das damit verbundene Licht auf natürliche Weise in den Konzertsaal fällt.

Museu Nacional d'Art de Catalunya

Das Museu Nacional d'Art de Catalunya enthält eine Sammlung aus 1.000 Jahren katalanischer Kunst. Denn für die meisten Einwohner Barcelonas und Katalanen ist Katalonien eine eigene, von Spanien unabhängige Nation, die sich auf stolze Weise individuell vom restlichen Spanien abhebt. Es beherbergt gotische und mittelalterliche Kunst sowie Werke aus dem Barock und der Renaissance. Dazu kommt eine Kollektion an Wandmalereien moderner Kunst aus dem katalanischen Modernismus, die als eine der wertvollsten der Welt gilt. Doch nicht nur Wandmalereien gibt es dort zu bewundern, sondern unter anderem auch romanische Fresken, Altarbilder oder Schnitzarbeiten. Das Museum befindet sich im Palau Nacional auf dem Montjuïc.

Viertel und Plätze

> Barri Gòtic (& Plaça Reial), La Barceloneta

<u>Barri Gòtic (& Plaça Reial)</u>

Das Barri Gòtic, das Gotische Viertel, ist das Zentrum der Altstadt Barcelonas. Die Häuser stammen teilweise noch aus den Zeiten vor dem Mittelalter und der Römerzeit. Heute befinden sich dort viele städtische Büros, unter anderem das Rathaus von Barcelona. Das Viertel besteht aus vielen kleinen Straßen, Gassen und Plätzen. Einer dieser Plätze, der als einer der schönsten Plätze der Stadt gilt, ist der beliebte Plaça Reial.

Dort findet man viele Restaurants, Cafés und Bars. Umgeben von palastartigen Gebäuden stehen inmitten des Platzes viele Palmen sowie ein Springbrunnen, die dem Platz ein sehr mediterranes Flair verleihen. Der gemütliche Platz ist dennoch sowohl tagsüber als auch nachts sehr belebt. Doch nicht nur wegen dieses Platzes, sondern aufgrund des gesamten Charmes des Viertels ist das Barri Gòtic bei Touristen sehr beliebt und viel belaufen.

La Barceloneta

La Barceloneta ist ein Stadtviertel in Barcelona, oft wird der Begriff aber auch nur für die lange Strandpromenade entlang der Mittelmeerküste genannt. Der künstlich angelegte Stadtstrand ist über vier Kilometer lang. Die vielen Palmen und die zahlreichen Bars und Läden entlang der Promenade laden zu einem entspannten Bummel ein. Neben Spaziergängern sind hier auch viele Skater und Fahrradfahrer unterwegs. Besonders hervorzuheben, was den Strand angeht, ist die hohe Sauberkeit des Strandes wie auch die gute bis sehr gute Wasserqualität des Meeres in Barcelona, die guten Gewissens zum Sonnen und zum Baden einladen.

Sport

Camp Nou

Camp Nou

Der FC Barcelona war und ist einer der erfolgreichsten Fußballvereine der Welt, der nicht bloß zahlreiche nationale Meisterschaften und Pokale hat, sondern sogar fünfmal den anerkanntesten Fußballwettbewerb auf internationaler Ebene gewinnen konnte. Doch nicht nur für Fußballfans bietet sein

Heimstadion, das Camp Nou, ein unvergessliches Erlebnis. Mit über 99.000 Plätzen ist es das größte Stadion Europas. Es beeindruckt nicht nur mit seiner Größe, sondern auch mit seiner architektonischen Form, da es über den meisten Tribünen keine Überdachung besitzt und demnach sehr offen und dem Himmel ausgerichtet ist.

Wer es nicht zu einem Spiel schafft, kann das Stadion bei der „Camp Nou Experience" trotzdem besichtigen. Dieses Erlebnis enthält unter anderem eine Stadiontour und ein interaktives Museum. Durch die Umkleidekabinen der Teams hindurch kann man bis zum Spielfeldrand laufen. Sogar die katholische Kapelle im Inneren des Stadions, in der die Spieler vor ihren Partien beten können, darf man besichtigen. Auch auf die Zuschauerränge darf man hinauf.

Geheimtipps

Bunkers del Carmel, Tibidabo

Bunkers del Carmel

Die Bunkers del Carmel sind ein Abwehrgeschütz auf dem Túro de la Rovira, einer ehemaligen Militärbasis mit Abwehrgeschützen gegen Kampfflugzeuge, die während des spanischen Bürgerkrieges von 1936 bis 1939 errichtet worden sind, um Bombenangriffe abzuwehren und um den Einwohnern der Stadt Schutz zu bieten. Einige Betonreste dieses Geschützes sind heute noch erhalten und das Gebiet ist heute frei zugänglich.

Auf den Resten der übergebliebenen Festung lässt es sich heutzutage super sitzen und entspannen. Von der Bunkeranlage aus hat man, vor allem bei klarem Wetter und Sonnenschein, einen unglaublichen Panorama-Blick über die Stadt. Am allerbesten ist es jedoch, sich dort bei Dämmerung aufzuhalten und den Sonnenuntergang über Barcelona zu beobachten. An keinem Ort in der Stadt lässt sich dieser schöner genießen! Allerdings wird es zu diesem Zeitpunkt dort auch etwas voller sein, da sich viele Bewohner der Stadt dort abends niederlassen und treffen, um bei einem frischen Getränk ebenfalls die untergehende Sonne zu bestaunen.

Tibidabo

Der Tibidabo ist neben dem Montjuïc der zweitbe-
kannteste Berg Barcelonas. Zugegebenermaßen ist
er zwar kein ganz unbekannter und besonderer Geheimtipp, dennoch ist der Montjuïc, auf dessen Flä-
che viele der bekanntesten Sehenswürdigkeiten
Barcelonas liegen, der bekanntere und häufiger be-
suchte Berg. Das liegt auch daran, dass der Tibidabo,
der mit 512 Metern sogar der höchste Hügel der
Bergkette der Serra de Collserola ist, die am Stadt-
rand von Barcelona verläuft, etwas weiter außerhalb
verläuft und schwieriger zu erreichen ist. Trotz dessen hat der Tibidabo-Berg so einiges zu bieten!

Bei den Einheimischen ist er unter anderem
deshalb so beliebt, weil sich seine grüne Umgebung
mit seinen vielen Steigungen gut für sportliche Aktivitäten wie zum Beispiel das Joggen eignet. Atembe-
raubend erhebt sich auf dem Berg die ‚Iglesia de
Sagrat Cor', eine Kirche, die nicht zu den bekanntesten und typischen Sehenswürdigkeiten Barcelonas
gezählt wird, oft aber mit der Sacré-Cœur in Paris
verglichen wird. Durch ihre wunderschöne Fassade
und ihr Emporragen über der Stadt hat sie eine ma-
jestätische Wirkung. Zudem hat man von dort aus

einen unglaublichen Ausblick über die ganze Stadt und das Umland.

Das Highlight des Tibidabo-Berges ist jedoch der Freizeitpark ‚Parque de Atracciones del Tibidabo'. Die meisten Fahrgeschäfte sind zwar auf Kinder ausgerichtet, doch auch eine Achterbahn, die durch die Wälder hindurch gebaut wurde, und einige wenige weitere Fahrgeschäfte sind durchaus ein Adrenalin hervorrufendes Erlebnis für Erwachsene. Das Riesenrad mit seinen bunten Kuppeln und seiner hervorragenden Möglichkeit für einen besonderen Ausblick ist vielleicht die beliebteste und stellvertretende Attraktion des Parks.

Besonders ist auch die Fahrt hinauf zum Berg. Möglich ist die Anfahrt zunächst mit der Tramvia Blau, einer Straßenbahn, die knappe 1.300 Meter bis zum Fuße des Berges fährt. Von dort aus geht es weiter mit der Seilbahn Funicular, die einem zum Gipfel des Berges chauffiert. Eine weitere Möglichkeit, auf den Berg zu kommen, ist die Fahrt mit dem Touristen-Bus T2A, der vom Plaça Catalunya und von La Rambla aus losfährt. Außerdem kann man mit der Metro (mit den Linien L3 und L5) zum Parkplatz Tibidabo-Vall d'Hebron gelangen, von wo aus ein

Shuttle-Bus zur Spitze des Berges und zum Vergnü-
gungspark fährt.

SONSTIGE UNTERNEHMUNGEN

Über die Sehenswürdigkeiten, Attraktionen und Ge-
heimtipps an Unternehmungen hinaus wollen wir
Ihnen in diesem Abschnitt einige Infos zu sonstigen
Möglichkeiten der Freizeitgestaltung mit auf den
Weg geben. Hierbei geht es weniger darum, die Stadt
durch seine berühmtesten Plätze, Orte oder Bau-
werke kennenzulernen, sondern das Leben in
Barcelona generell. Dazu gehören beispielsweise die
Kategorien „Essen und Trinken" oder „Ausgehen
und Nachtleben".

Falls ein Shoppingbummel für Sie unerlässlich
ist, können Sie hier die besten Adressen für eine aus-
reichende Shoppingtour in Barcelona nachschlagen.
Für die Sport-Junkies unter Ihnen, stellen wir hier
die Möglichkeiten an sportlichen Aktivitäten vor,
von denen es eine große Auswahl und Varianz in der
Stadt am Mittelmeer gibt. Wenn Sie mit Kindern in
Barcelona unterwegs sind und der Urlaub vor allem
auf die Kinder angepasst werden soll, erfahren Sie

hier die tollsten Freizeitgestaltungsmöglichkeiten und Erlebnisse für die Kleinen während Ihres Barcelona-Besuches.

Shopping

Wer auf einen ausgiebigen Shoppingbummel im Urlaub nicht verzichten mag, muss sich keine Sorgen machen, in Barcelona nicht auf seine Kosten zu kommen. Denn Barcelona bietet umfangreiche Einkaufs- und Shoppingmöglichkeiten. Und das an verschiedenen Adressen der Stadt und für jedermanns Geschmack!

Die berühmteste Adresse, die sich über mehrere Straßen und Viertel verteilt, ist die Barcelona Shopping Line mit über fünf Kilometern Länge. Sie zieht sich fast durch das ganze Stadtgebiet und in ihrer Umgebung befinden sich hunderte Geschäfte, Boutiquen, Einkaufszentren und Kaufhäuser. Die Strecke hat ihren einen Start- bzw. Endpunkt am Hafen Barcelonas und ihren anderen in der Nähe des Stadions des FC Barcelona, dem Camp Nou. Sie verläuft die Rambla entlang, beinhaltet den Plaça de Catalunya sowie den Passeig de Gràcia und die ebenfalls beliebte Shoppingstraße Avinguda Diagonal. An ihrem Startpunkt am Hafen befindet sich ebenfalls nicht weit entfernt das Maremagnum, ein Einkaufszentrum mit Shopping- sowie Speiseangeboten.

Das kulturelle Shoppingangebot bietet eher das Barri Gòtic dar. Im römischen Viertel sind vor allem viele Antikläden, alte Büchergeschäfte sowie Feinkostläden. Im Stadtteil El Raval kommen Fans von Second-Hand-Mode voll auf ihre Kosten. Auch alternative Klamotten sind dort zu finden. Das kommt vor allem von der multikulturellen Bevölkerung in diesem Teil der Stadt, die zu einer bunten Mischung an Läden und Angeboten beiträgt.

Zudem gibt es in Barcelona das El Triangle, das nach seiner Dreiecksform der Straßen benannt ist. Es befindet sich zwischen El Raval und dem Plaça de Catalunya. Dort findet man eine Reihe von Kaufhausketten. In den naheliegenden Gassen der Altstadt stößt man auf viele nationale und international bekannte Marken.

Die gehobenere und luxuriösere Kleidung und Designartikel findet man entlang des Passeig de Gràcia oberhalb des Plaça de Catalunya. Nirgends reihen sich so viele Geschäfte wie zwischen dem Passeig de Gràcia und der westlich verlaufenden Rambla de Catalunya.

Einer der größten Boulevards Barcelonas ist ebenfalls die Avinguda Diagonal. Dort findet man vor allem viele Einkaufszentren und weitere Modegeschäfte. Hier findet man bekannte Modemarken wieder, die preislich der normalen Bevölkerungsschicht entsprechen.

Essen und Trinken

Barcelona hat eine wunderbare gastronomische Szene. Sie beeindruckt nicht nur durch ihr vielfältiges Angebot an Rezepten und die große Auswahl an Speisen, sondern auch durch ihre Qualität. Diese kommt zum einen von den Spitzenköchen der Stadt sowie von der Frische der Zutaten, die direkt aus dem Meer oder frisch vom Feld stammen und vor Ort zubereitet werden. Einige international bekannte Weltklasseköche wie Ferran Adrià oder Carles Abellán bieten eine internationale und multikulturelle Küche in Barcelona und dennoch behält sich die gastronomische Kultur der Stadt ihre katalanische Identität mit vielen typisch katalanischen Rezepten und Speisen in vielen der Lokale und Tapasbars bei.

Ihren kulinarischen Ursprung findet die katalanische Küche in der Besiedlung der Römer zurzeit vor Christus. Diese brachten an Essgewohnheiten vor allem die Liebe zu Trauben und Oliven mit in die katalanische Hauptstadt. Später kamen Gewürze wie Safran und Kreuzkümmel dazu. Inspiration holten sie sich bereits damals jedoch ebenfalls aus der südamerikanischen Küche mit beispielsweise Kartoffeln und Tomaten.

Auch die vielen Emigranten, die seit jeher Barcelona besiedelten – zunächst nur aus Spanien, zum Ende des 20. Jahrhunderts aus der ganzen Welt –, brachten ihre eigenen kulinarischen Bräuche mit ins Land. Daher gibt es beispielsweise auch viele galicische Fischlokale oder baskische Tapasbars. Darüber hinaus hat die Anzahl an noch exotischeren, internationalen Restaurants deutlich zugenommen. Heute sind in der Stadt eine Vielzahl an asiatischen Lokalen, italienischen Pizzerien oder türkischen Restaurants zu finden.

Doch was wird heutzutage in den katalanischen Restaurants und Bars angeboten? Was ist typisch für die katalanische Gastronomie? Die katalanische Küche ist bekannt für ihre breite Palette an Kleinigkeiten, die vorzugsweise eine Mischung aus Meeresfrüchten und Fleisch bereithält. Das kommt vor allem von der geographischen Lage Kataloniens, das sowohl die Nähe zum Meer als auch die Nähe zu den Bergen besitzt. In Barcelona wurde durch die direkte Lage am Mittelmeer schon immer das Angebot an Speisen, das direkt aus dem Meer stammte, bevorzugt, während man weiter im Land, inmitten der katalanischen Berglandschaft, eher deftige Speise auffuhr. Dort werden vor allem kräftige Wintereintöpfe zubereitet und die verschiedenen Würste, Schwein und Wild tragen zum Fest für den Gaumen bei.

Die Grundlagen der katalanischen Palette jedoch sind andere. Die Basis, die in Katalonien zu jeder Mahlzeit gehört und niemals ausgelassen wird, sind Brot, Olivenöl und Knoblauch. Eine weitere Grundlage, die Basis zum bekannten spanischen Gericht Paella, stellt der Reis dar. Die Reisgerichte werden oft mit Fisch aus dem Meer oder Fleisch aus den Bergen zubereitet. Auch sehr geliebt von den Einheimischen werden Pilze aus dem Wald. Vor allem die Sorten Edelreizker und die Totentrompeten sind für Katalanen eine wahre Delikatesse.

Originell sind jedoch nicht nur die Art des Essens in Form der Tapas selbst, sondern auch die Art und Weise, wie sie eingenommen werden. In

Katalonien wird eine Mahlzeit nicht im Sitzen, sondern im Stehen oder sogar im Gehen eingenommen. Entweder stehen die Einheimischen während des Essens lässig in einer der Tapasbars und verweilen dort eine Zeit lang oder sie ziehen von einer Bar zur anderen.

Ausgehen und Nachtleben

Die Möglichkeiten zum Ausgehen in Barcelona, egal ob man es ruhiger oder wilder angehen möchte, sind zahlreich. Das Nachtleben in der Stadt am Meer tobt und ist einzigartig gut. Von Cafés über stilvolle Weinlokale oder urige Kneipen bis hin zu tosenden Nachtclubs wird in Kataloniens Hauptstadt alles geboten.

Damit Sie bei Ihrem Besuch in Barcelona jedoch wissen, wann Sie am besten in eine Bar oder eine Diskothek gehen sollten, informieren wir Sie hier zunächst über die Öffnungszeiten. Bars haben in Barcelona meist von 18 bis 2 Uhr nachts, am Wochenende bis 3 Uhr geöffnet. Anders verhält es sich bei den vielen Strandbars an Barcelonas Promenade. Die meisten von ihnen haben nur von April bis Oktober, also während der heißeren Monate geöffnet. Sie öffnen ihre Türen bereits ab 10 Uhr morgens und

schließen meistens gegen Mitternacht, am Wochenende gegebenenfalls auch später. Die Clubs von
Barcelona haben von Donnerstag bis Samstag auf,
öffnen um Mitternacht und schließen gegen 6 Uhr
morgens. Möchte man zu der Zeit in einer Bar oder
einem Club antreffen, zu der es voll wird und viel los
ist, sollte man gegen 23 oder 24 Uhr in die Bar und
ab 2 Uhr in den Club gehen.

In Barcelona gehört wie in ganz Spanien Essen
und Trinken fest zusammen. Wer also gegen späten
Abend losgehen möchte, um das Abendbrot zu sich
zu nehmen und gleichzeitig etwas trinken gehen
möchte, der hat eine vielfältige Auswahl an Lokalen
mit unterschiedlichem Ambiente. Viele Bars, die ei-
gentlich mit dem Trinken verbunden werden, servieren auch eine nette Auswahl an Tapas. Egal, für
was Sie sich also entscheiden, es wird Ihnen an
nichts fehlen! Zudem besitzt Barcelona eine nicht ge-
ringe Anzahl an Dachbars mit großen Terrassen, von
denen aus man einen herrlichen Überblick über die
Dächer der Stadt hat. Die meisten dieser Bars befinden sich auf dem Dach von den Top-Hotels in
Barcelona.

Eine Masse der Diskotheken in Barcelona

befindet sich in der Altstadt, rund um La Rambla und dem Barri Gòtic. Von ursprünglichen Tanzlokalen bis hin zu angesagten Underground-Clubs ist hier einiges zu finden. In diesem Teil halten sich vor allem die jungen Menschen auf, ebenso wie im Viertel Gràcia rund um den Park Güell. Auch am Hafen sind einige Clubs zu finden, dort treffen sich jedoch eher die Reicheren der Stadt sowie viele Touristen. Zudem hausen einige Clubs in den nobleren Stadtteilen wie dem Bezirk Eixample oder Zona Alta, wo sich ebenso eher die Promis und die reichen Gesichter der Stadt treffen.

Darüber hinaus verfügt Barcelona über eine breite Schwulen- und Lesbenszene. Die Stadt ist sehr tolerant. 2005 legalisierte Spanien als viertes Land überhaupt die Eheschließung zwischen gleichgeschlechtlichen Paaren, die Überzahl der Bevölkerung befürwortete diese Entscheidung. Der Ort in Barcelona, an dem viele der Schwulen- und Lesbenbars und -clubs zuhause sind, trägt sogar einen eigens kreierten Namen „Gaixample", eine Mischung aus „gay" und dem Stadtteil Eixample. Der bekannteste Schwulenclub der Stadt ist das ‚Metro', die beste Lesbenbar vermutlich das ‚Aire'.

Sport und Aktivitäten

Barcelona hat vor allem durch seine Diversität an Landschaft eine Menge an Sportangeboten zu bieten. Das Meer auf der einen Seite und die Hügelkette weiter im Inneren des Landes auf der anderen Seite stellen eine tolle Möglichkeit, sich sportlich zu betätigen, und das mitten in der Natur.

Der Nationalsport in ganz Spanien sowie Katalonien ist der Fußball. Ist man in Barcelona, sollte man als Sportliebhaber unbedingt das Stadion des FC Barcelona besucht haben. Der zweitgrößte Verein der Stadt ist RCD Espanyol Barcelona. Zwar treibt man hier als Zuschauer nicht aktiv Sport, trotzdem bieten beide Vereine eine tolle Möglichkeit, in das lokale Sportgeschehen hinein zu tauchen. Aber auch selbst Fußball spielen kann man an vielen Orten der Stadt. Es gibt mehrere frei zugängliche Bolzplätze, einer davon befindet sich kurioserweise sogar auf dem Dach eines Hauses.

Eine tolle Möglichkeit, Barcelona sportlich zu entdecken, bietet das Radfahren. Vor allem das lange Meeresufer lädt zum Fahrrad fahren ein. An der Promenade entlang gibt es extra einen vom Straßen- und Fußgängerverkehr getrennten Radweg, weshalb man sich während des Fahrens super die Umgebung angucken und entspannt fahren kann. Auch innerhalb der Stadt verfügt Barcelona über ein super ausgebautes Radwegnetz. Mountainbiker lieben insbesondere die Straßen auf der Serra de Collserola, der hügeligen Bergkette im Hinterland Barcelonas.

Gleiches gilt auch für das Joggen. Sowohl die Uferpromenade als auch die Hügel der Serra de Collserola bieten für die ambitionierteren Läufer tolle Abschnitte zum Laufen in wunderschöner Umgebung an. Eine der beliebtesten Jogging-Strecken ist die Carretera de los Aigües, ein 9 km langer Weg vom Tibidabo bis zum Vorort Sant Just Desvern, von dem aus man einen tollen Ausblick über Barcelona und die Umgebung hat.

Das Meer ermöglicht selbstverständlich auch das Schwimmen. Wer gerne baden gehen möchte, sollte jedoch eher die nördlicheren Strände besuchen, da diese sauberer sind als die Strandabschnitte in der Nähe des Hafens. An einigen Abschnitten wie dem südwestlichen Teil der Platja de la Mar ist auch das Nacktbaden gestattet. Darüber hinaus bietet das Meer eine Menge an wassersportlichen Aktivitäten.

Wer passiv am Wassersport teilhaben möchte, kann beispielsweise auf einen Kurztrip mit einem Ausflugsboot gehen. Beim Schippern über das Meer kann man dabei vom Wasser aus einen Blick auf die Stadt werfen. Wer jedoch selbst aktiv Wassersport betreiben möchte, der hat die Möglichkeit, Unterricht im Segeln, Kayaken oder Windsurfen zu nehmen, und sich draußen auf dem Meer zu probieren. Die beste Anlaufstelle ist hierfür die Base Nautica Municipal am Playa Mar Bella.

Ganz in der Nähe befinden sich dazu unter anderem ein toller Skatepark, der sowohl für Anfänger als auch für Fortgeschrittene und Profis genug Platz zum Fahren und Üben bietet, sowie ein Tennisplatz direkt am Strand.

Unterwegs mit Kindern

Falls Sie als Familie mit Kindern nach Barcelona reisen, brauchen Sie sich keine Sorgen machen, dass die Kinder nicht auf ihre Kosten kommen könnten! Neben dem vielfältigen Angebot an kulturellen Sehenswürdigkeiten bietet die Stadt auch für die Kleinen eine Menge zu entdecken und zu bestaunen. Beliebt bei Kindern sind vor allem zwei Museen in Barcelona.

Das ist zum einen das Aquàrium, ein Meerwasseraquarium im alten Hafen von Barcelona. Es beherbergt über 450 Tierarten und über 11.000 Tiere insgesamt. Das Highlight des Museums ist der lange, verglaste Unterwasser-Tunnel, der durch das Aquarium führt und von dem aus man ringsherum von Fischen, Haien, Rochen und sonstigen Meerestieren umgeben ist. Dieser Gang bringt nicht nur Kinder zum Staunen, auch Erwachsene dürften hier beeindruckt sein. Das Aquarium besteht aus mehreren Becken, die verschiedene Lebensräume der Meerestiere auf der Welt darstellen sollen. Dazu gehören beispielsweise das Mittelmeer und tropische Gewässer, aber zum Beispiel auch das Great Barrier Reef in Australien.

Das andere Museum ist das Museu Maritím de Barcelona (dt. maritimes Museum Barcelonas), ein Schifffahrtsmuseum, welches sich ebenfalls im Hafen von Barcelona in einer alten Werft befindet. Viele Schiffsmodelle und weitere nautische Instrumente sind dort ausgestellt. Besonders faszinierend ist der Nachbau der ‚Real', ein Flaggschiff aus der Seeschlacht von Lepaldo, das in Originalgröße nachgebaut wurde, oder aber auch die Galeere, ein ehemaliges, von gefangenen Sklaven gerudertes Segelkriegsschiff. Eindrucksvoll, sowohl für Kinder als auch für Erwachsene, ist obendrein die Sturmsimulation des Museums.

AUSFLUGSZIELE IN BARCELONAS UMGEBUNG

Zwar hat Barcelona selbst eine Vielzahl an Orten und Attraktionen, die es sich auf alle Fälle lohnt, zu entdecken. Wer jedoch auch mal einen Blick über die Stadtgrenzen hinauswagen will und sich auf einen Tagesausflug in die Umgebung von Barcelona umgeben will, dem bieten sich unzählige Möglichkeiten. Denn eins sei gesagt, im Umland von Barcelona gibt es hochgradig interessante und wunderschöne Orte zu entdecken!

Andorra in den Pyrenäen

Angefangen mit dem kleinen Staat Andorra, der zwischen Frankreich und Spanien liegt. Der Zwergstaat in den Pyrenäen hat nur 78.000 Einwohner, ist aber dennoch ein beliebter Touristenort. Zum einen ist es beliebt für seine Skigebiete, zum anderen durch seinen Status als Steueroase, da dort zollfreies Einkaufen möglich ist und viele Besucher aufgrund des billigen Alkohols und Tabaks dort einkaufen gehen. Aber auch die vielen Läden, Boutiquen und Einkaufszentren in der Hauptstadt Andorra de la Vella laden zum ausgiebigen Shoppen und Einkaufen ein. Sehenswert ist zudem die schöne Altstadt der Hauptstadt, die einen antiken Charme versprüht. Andorra liegt im Hochtal der Pyrenäen und prahlt mit seiner einzigartigen Landschaft an Bergketten und seiner Flora und Fauna. Von Barcelona aus braucht man mit dem Auto jedoch knappe drei Stunden bis dorthin.

Cadaqués

Ein weiteres Highlight ist der Ausflug zum ehemaligen Fischerdorf Cadaqués. Oft wird es auch als ‚das weiße Dorf im Tal der Künstler' genannt und wurde durch den bekannten Künstler Salvador Dalí berühmt. Durch seine schlichtweg weißen Häuser, die bergige Landschaft im Hintergrund und seine Ruhe, fernab vom Massentourismus, ist es eine echte Idylle im Norden Spaniens und der Costa Brava. Auch die kleinen Cafés, Bars und Restaurants an der

Uferstraße, von denen aus man einen herrlichen Blick auf das Meer genießen kann, laden zum Verweilen ein. Von Barcelona aus braucht man hierhin etwa zwei Stunden und zehn Minuten.

Salvador Dalí Museum

Salvador Dalí war ein spanischer Maler, Grafiker, Bildhauer und Bühnenbildner. Er gilt als einer der Hauptvertreter der surrealistischen Kunstströmung und war einer der bekanntesten Künstler des 20. Jahrhunderts. In Figueres, das zur Provinz Girona gehört, steht das Salvador Dalí Museum und hat mit Bildern, Skulpturen und anderweitigen Schöpfungen Dalís eine Menge zu bieten. Von Barcelona aus braucht man ungefähr anderthalb Stunden mit dem Auto.

Girona

Neben der Bekanntheit und der ehrfürchtigen Größe Barcelonas wird Girona oftmals unterschätzt. Doch die Stadt nördlich von Barcelona ist eine echte Schönheit! Sie ist die Hauptstadt der gleichnamigen Provinz Girona. Die kleine, historische Stadt ist bekannt für seine bunte Häuserfassade am Ufer der

Altstadt und für sein jüdisches Viertel mit seinen schönen Gassen und arabischen Bädern. Sie wird auch „Vier-Flüsse-Stadt" genannt, weil sie im Tal am Zusammenfluss von vier unterschiedlichen Flüssen liegt. Der Fluss Onyar verläuft mitten durch die Stadt und trennt die Altstadt auf der einen Seite von dem moderneren Teil Gironas.

Von der Stadtmauer in der Altstadt aus, die schon zur Zeit der Römer errichtet wurde, hat man einen fabelhaften Blick über die Stadt und die zum Teil schneebedeckten Berge der Pyrenäen im Hintergrund. Besonders gut kennen lernt man Girona beim Schlendern durch die Altstadt, in der man sich durch die vielen mittelalterlichen und römischen Gebäude wie in der Zeit zurückversetzt fühlt.

In den schmalen, kopfsteingepflasterten Gassen entlang der steinernen Häuser kann man sich herrlich verlieren. Auch die zahlreichen Cafés und Läden sorgen für eine gemütliche Stimmung. Besonders zu Zeiten der Morgenfrühe oder bei Dämmerung, wenn das schummrige Licht auf die Stadt fällt und in einem warmen Glanz erweckt, herrscht dort eine besonders romantische Stimmung.

Was man sich bei einem Ausflug nach Girona

nicht entgehen lassen sollte, ist ein Gang durch das bereits erwähnte jüdische Viertel „El Call", das als das besterhaltene jüdische Viertel Europas gilt. Außerdem gehört die gotische Kathedrale Santa Maria, das bekannteste Wahrzeichen der Stadt, zum Pflichtprogramm bei einem Besuch in Girona.

Montserrat & Kloster Montserrat

Ebenfalls lohnen tut sich ein Ausflug zum Montserrat. Das Montserrat ist ein Sandsteingebirge, das sich im Hinterland von Barcelona auf bis zu 1.200 Metern erhebt und Teil des katalanischen Vorküstengebirges ist. Schon allein der Landschaft wegen, die eine Mischung aus mediterranem Gebirge und alpinem Gebirge charakterisiert, lohnt sich der Aufenthalt im Montserrat-Gebirge.

Doch es gibt dort noch einen Grund, der täglich Anziehungspunkt für mehrere Tausend Menschen ist: Das Benediktinerkloster Montserrat mitten im Berg. Das Bergkloster ist mit seiner berühmten ‚Schwarzen Madonna' nach Santiago de Compostela die meistbesuchte Pilgerstätte Spaniens. Die Schwarze Madonna ist die Schutzheilige Kataloniens und befindet sich in der Apsis des Klosters. Sie ist das Ziel von zahlreichen Wallfahrern, von denen sie sehr verehrt wird. Heute leben im Kloster Montserrat etwa 80 Mönche. Von Barcelona bis zum Kloster braucht man ca. eine Stunde und zehn Minuten.

Costa Brava

Die Costa Brava ist die berühmte Mittelmeerküste in Spaniens Nordosten. Ins Deutsche übersetzt heißt sie „Wilde Küste". Durch ihre schroffe Küstenlinie, ihre bis ans Wasser heranreichenden Gebirge und vor allem ihre vielen Felsvorsprünge und senkrechten Felswände, an denen das aufgebrauste Meer und die Wellen heranklatschen, macht sie ihrem Namen alle Ehre.

Zwar ist die Costa Brava kein allzu großer Geheimtipp mehr und einige der Orte an ihrer Küste, wie zum Beispiel Lloret de Mar oder Sitges, sind vor allem in den Sommermonaten sehr voll und touristisch beliebt, doch entlang ihrer Strecke gibt es auch noch viele Orte, die unter Touristen nicht bekannt und demnach nicht gerade überlaufen sind.

Die Costa Brava beginnt ab Barcelona und zieht sich von dort Richtung Norden an der Landesgrenze bis zu Frankreich hin. Je nachdem, welchen Ort an der Costa Brava man besuchen will, variiert die Fahrzeit ab Barcelona.

Wichtige Infos zum Aufenthalt

Zum Ende dieses Ratgebers wollen wir Ihnen nun noch einmal die wichtigsten Informationen für Ihren Aufenthalt in Barcelona mitgeben. Zum einen Informationen zur An- und Abreise sowie auch dem Verkehr vor Ort, als auch Tipps, auf die Sie unbedingt achten sollten. Außerdem stellen wir Ihnen die beste Reisezeit für Barcelona vor. Das alles, damit Sie im Vorhinein bestens für Ihre Barcelona-Reise vorbereitet sind!

INFOS ZUR AN- UND ABREISE

<u>An- und Abreise</u>

Der bekannteste Flughafen in Barcelona und der zweitgrößte in ganz Spanien ist der Flughafen El Prat. Weitere Flughäfen in der Nähe sind die Flughäfen Girona-Costa Brava, der etwa 90 km nordöstlich von Barcelona liegt, und der Flughafen Reus, der ebenfalls eine Entfernung von 90 km aufweist und südwestlich von Barcelona liegt. Diese beiden Flughäfen sind jedoch kleinere Flughäfen und werden vor allem von Billig- und Charterfluggesellschaften bedient.

Der Flughafen besteht aus zwei Terminals, dem Terminal 1 und Terminal 2. Das Terminal 1, welches sich im Norden des Flughafengeländes befindet, ist das ältere der beiden Gebäude und wird seit Eröffnung in 2009 eher von Billigfluggesellschaften genutzt. Das Terminal 2 befindet sich im Südwesten und wird seit seinem Bestehen von der Mehrzahl der Fluggesellschaften genutzt.

Der Flughafen El Prat liegt größtenteils in der Gemeinde El Prat de Llobregat, etwa 15 km vom Zentrum Barcelonas entfernt. Um vom Flughafen aus in die Stadt zu kommen, gibt es verschiedene

Wege und Anreisemöglichkeiten. Eine Straße führt vom Flughafen direkt zum zentral gelegenen Plaça de Catalunya. Erst geht es über die Stadtautobahn C-31 und dann über die Plaça d'Espanya. Die Anreise dauert, je nach Verkehrslage, zwischen 20 und 40 Minuten. Ebenfalls kann man per Bahn in die Stadt kommen und genauso umgekehrt von der Stadt zum Flughafen. Alle 30 Minuten fährt vom Flughafen die Linie R2 Nord vom Terminal 2 über den Hauptbahnhof Barcelona Sants weiter zum zentralen Passeig de Gràcia. Vom Flughafen zum Hauptbahnhof dauert die Fahrt ca. 20 Minuten.

Gleichermaßen gibt es die Möglichkeit, die Metro zu nutzen. Von den Terminals 1 und 2 verkehrt die Linie L9 zur Station Zona Universitària, von der aus man in weitere Metrolinien umsteigen kann, die einen alle zu verschiedenen zentralen Metrostationen bringen.

Zudem gibt es die Möglichkeit, mit dem Bus zu fahren. Der Aerobús fährt die gleiche Strecke, die man auch mit dem Auto fahren würde, und braucht dafür etwa 35 bis 50 Minuten. Eine weitere Buslinie, die Linie L46, startet vom Plaça d'Espanya aus und endet am Flughafen. Auch ein Nachtbus bringt Sie bei sehr später oder sehr früher An- oder Abreise vom Flughafen weg und zum Flughafen hin.

Wenn man nicht per Flugzeug nach Barcelona reisen möchte, besteht die Option, mit dem Zug anzureisen. Der Hauptbahnhof Barcelonas ist der eben bereits kurz erwähnte Bahnhof Barcelona-Sants, der im gleichnamigen Stadtbezirk Sants-Montjuïc liegt, der den südlichsten aller Bezirke in Barcelona darstellt. Von dort aus passieren vor allem innerspanische Züge, aber auch einige Fernzüge ins Ausland fahren ab Sants und kommen dort an. Beispielsweise kann man mit dem Nachtzug *trenhotel* von Paris nach Barcelona anreisen. Die Fahrt dauert zwölf Stunden. Auch aus weiteren Städten Europas, wie zum Beispiel Genf, Zürich oder Mailand, kommen dort Fernzüge an. Vom Hauptbahnhof aus dauert es mit der Metro nicht lange, um ins Stadtzentrum zu kommen.

Es gibt zudem eine Vielzahl von Fernbusunternehmen, die ab Barcelona fahren. Überlandbusse fahren von der Estació del Nord aus los. Der Busbahnhof liegt in der Umgebung des Viertels Eixample und etwa 1,3 km vom Plaça de Catalunya entfernt.

Vor Ort unterwegs

Wenn man in der Stadt auf öffentliche Verkehrsmittel angewiesen ist, weil man ohne eigenes Auto angereist ist, kann man sich auf ein gut ausgebautes Streckennetz der TBM Metro, der U-Bahn in Barcelona, verlassen. Es besteht aus elf Linien, die alle zur besseren Übersicht und Orientierung vor Ort verschiedene Farben aufweisen. Durch die vielen und gut vernetzten Metrostationen hat man es nie weit zu Fuß zum Großteil der Sehenswürdigkeiten und weiteren Attraktionen in Barcelona. Zudem fahren die U-Bahnen sehr regelmäßig. Zwischen Sonntag und Donnerstag fahren sie von 5 Uhr morgens bis 12 Uhr in der Nacht, freitags bis 2 Uhr in der Nacht und samstags sogar rund um die Uhr.

Überdies unterhält das TMB-Netz auch drei Straßenbahnlinien. Diese bedienen jedoch vorzugsweise die Vororte des Großraums Barcelona und sind deshalb für Besucher, die in Barcelona selbst verkehren wollen, eher irrelevant. Alle drei Linien starten vom Plaça de Francesc Macià aus, der die beiden Bezirke Les Corts und Eixample verbindet.

Auch das Busnetz ist bestens ausgebaut. Die Busse fahren über die wichtigsten Ecken und Punkte der Stadt und transportieren ihre Gäste von 5 oder 6 Uhr morgens an bis etwa zwischen 22 oder 23 Uhr abends in der Stadt herum.

Darüber hinaus ist es möglich, mit dem Taxi chauffiert zu werden. Die Grundgebühr für eine Fahrt in Barcelona beträgt 2,05 €, pro Kilometer werden 0,93 € und am Wochenende 1,18 € verlangt. Bei Fahrten zum Flughafen wird eine zusätzliche Gebühr verlangt, auch große Gepäckstücke kosten extra. Taxis können telefonisch bestellt werden (dabei wird ebenfalls eine Gebühr fällig) oder an der Straße angehalten werden. In den meisten Taxis ist es durchführbar, mit Kreditkarte zu zahlen.

Gleichfalls besteht die Chance, die Stadt per Fahrrad zu erkunden. Barcelona ist eine sehr fahrradfreundliche Stadt, dessen Besichtigung ideal auf zwei Rädern genutzt werden kann. Das Fahrradnetz ist auf über 180 km ausgebaut. Ein Weg führt beispielsweise entlang der Küste. Auch die hügelige Berglandschaft der Serra de Collserola ist perfekt zum Fahrrad fahren. Wenn es hier durch die vielen Steigungen auch etwas anstrengender ist zu fahren, fährt man dafür jedoch durch eine wunderschöne Natur und Landschaft. Außerdem ist diese Option des Transportes die umweltfreundlichste Art, die Stadt zu entdecken. In Barcelona gibt es zahlreiche Orte und Unternehmen, an denen man Fahrräder ausleihen kann.

DARAUF SOLLTEN SIE UNBEDINGT ACHTEN

Eine negative Entwicklung, die vor allem der Tourismus gefördert hat, ist die Tatsache, dass die Kleinkriminalität in Barcelona deutlich zugenommen hat. Taschendiebstähle von herumlaufenden Trickbetrügern sind keine Seltenheit. An Orten, an denen sich Menschenmengen tümmeln, wie beispielsweise in der Metro oder den Ramblas, schlagen sie gerne zu und entwenden den Touristen Kleingegenstände wie Handys, Geld oder ähnliche Wertsachen. Seien Sie also auf der Hut und behalten Sie Ihre Wertsachen gut versteckt bei sich!

TIPPS ZUM GELD SPAREN

Bekanntermaßen gibt man im Urlaub täglich mehr Geld aus, als man es zuhause tun würde. Nicht nur durch die Aktivitäten und das Sightseeing, das man unternimmt, auch für Essen und Trinken oder das Nutzen der öffentlichen Verkehrsmittel vor Ort kommt einiges zusammen. In diesem Kapitel möchten wir Ihnen einige Möglichkeiten aufbieten, wie man Barcelona auch mit kleinem Budget super gut entdecken und genießen kann. Denn es gibt einige Tricks, mit denen man, wenn man einige Hinweise beachtet, Barcelona super gut mit wenig Geld erkunden kann!

Der erste Tipp für die Planung Ihres Barcelona-Besuches, den wir Ihnen mit auf den Weg geben wollen, ist, dass in den meisten Museen, beispielsweise im Pablo Picasso Museum, der Eintritt sonntags frei ist. Günstig wäre es aber trotzdem, sich im Vorhinein online ein Ticket zu kaufen, damit man vor Ort nicht so lange in der Schlange stehen und auf die Karten warten muss.

Ein wahrliches Highlight, welches wir ebenso im Kapitel Attraktionen und Sehenswürdigkeiten vorgestellt haben, ist die Wasserlichtshow des Font

Magica Springbrunnens. Die Show, die jeden Abend, je nach Jahreszeit aber unterschiedlich oft, stattfindet, können Sie komplett für lau bestaunen!

Den Ausblick, den man vom Font Magica hat, der am Plaça d'Espanya und am Fuße des Montjuïc-Berges liegt, ist selbstverständlich ebenso umsonst und einfach unbezahlbar. Generell gibt es in Barcelona zahlreiche Aussichtspunkte, von denen man einen wunderbaren Blick auf die Stadt und das Meer hat und die allesamt kostenfrei sind. Auch die vielen Grünflächen und Parks Barcelonas, mit Ausnahme eines kleinen Teils des Parks Güell, sind kostenlos zu besichtigen.

Einen Zutritt in die meisten Bauwerke Barcelonas erhält man nur per Kauf eines Tickets. Einige Sehenswürdigkeiten bilden jedoch eine Ausnahme davon. Die Kathedrale von Barcelona ist morgens sowie früh am Abend kostenfrei zu besichtigen und auch die Basilika Santa María del Mar kann umsonst von innen erkundet werden.

Was man in dieser Kategorie aber dazu sagen muss, ist, dass die meisten Bauwerke, zu denen auch Gaudís bekannte Häuser Casa Battló und Casa Mila im Passeig de Gràcia oder die zahlreichen Kirchen und Kathedralen Barcelonas zählen, auch schon von außen unglaublich beeindruckend sind und definitiv lohnenswert anzugucken sind.

Auch bei der essenstechnischen Versorgung vor Ort kann clever gespart werden. Die meisten Restaurants bieten ein vergünstigtes Tagesmenü an, das trotz Vergünstigung sättigend und deftig ist und zudem viel zu bieten hat. Der Preis für ein solches liegt in etwa zwischen 10 und 15 Euro. Wer außerdem beim Schlendern über den Mercat de la Boquería die Augen aufhält, dem kann das ein oder andere Schnäppchenangebot, was das Angebot an lokalen und internationalen Köstlichkeiten angeht, unterkommen.

BESTE REISEZEIT

Grundlegend lässt sich selbstverständlich nicht eine bestimmte perfekte Reisezeit für Barcelona festlegen, da dies abhängig von den individuellen Bedürfnissen und Ansprüchen der Besucher ist. Um sich jedoch einen Überblick zu verschaffen und eine Hilfestellung zu garantieren, welcher Monat oder welche Monate für Sie am geeignetsten wären, um nach Barcelona zu reisen, haben wir hier einmal die verschiedenen Phasen mit den wichtigsten Daten und Informationen zusammengetragen.

Wer ein angenehm mildes Klima bevorzugt, sollte in den Frühlingsmonaten, in etwa von März bis Juli, nach Barcelona reisen. Frühlingshafte, zum Teil schon sommerliche Temperaturen, die jedoch noch nicht zu heiß sind, sind in dieser Zeit vorherrschend. Wer jedoch im Meer baden will, sollte nicht vor Mai anreisen – früher lädt die Wassertemperatur noch nicht zum Baden ein. Der Vorteil am Spätfrühling ist zudem, dass die Hauptsaison in Barcelona erst im Hochsommer beginnt und die Strände und Küsten demnach noch nicht allzu überfüllt von Einheimischen und Touristen sind. Auch die Restaurants öffnen zu dieser Zeit wieder ihre Türen.

Im Hochsommer, in etwa in den Monaten zwischen Juli und September, wird es in Barcelona drückend heiß. Selbst die meisten Bewohner der Stadt ziehen sich bei diesen hohen Temperaturen um die 30 °C in ihre Häuser zurück, weil es draußen bei der zudem hohen Luftfeuchtigkeit nicht lange auszuhalten ist. Das Gute jedoch ist, dass das Meer in dieser Zeit mit einer Wassertemperatur von durch-schnittlich 23 °C eine herrliche Abkühlung bietet.

Das touristische Angebot ist in dieser Phase jedoch eingeschränkt – die meisten Museen und weitere Sehenswürdigkeiten verkürzen ihre Öffnungszeiten im Hochsommer. Wer also eher den klassischen Strand- und Badeurlaub bevorzugt und nicht den ganzen Tag lang durch die Stadt laufen will, um Bauwerke und Sehenswürdigkeiten im Freien zu entdecken, sollte in den genannten Sommermonaten anreisen.

Im Spätsommer und Herbst, in den Monaten September und Oktober, wird es wieder angenehm mild und auch das Baden ist zumindest im September noch möglich. Zwar könnte es hier regnerischer werden, doch der Regen zeigt sich in dieser Region eher in kurzen und dafür stärkeren Schauern und die Sonne zeigt sich immer noch an den meisten Tagen.

Im Winter wird es deutlich kälter, jedoch bleiben die Temperaturen stets im zweistelligen Bereich. Wer nicht zum Baden oder des mediterranen Klimas wegen nach Barcelona reisen möchte, sondern aufgrund der vielen Museen, Kirchen und sonstigen Bauwerke und Ausstellungen, die es zu besichtigen gibt, kann problemlos und idealerweise auch im Winter nach Barcelona reisen.

Meine persönliche Reiseempfehlung

Meiner Meinung nach ist Barcelona das ideale Reiseziel, da es durch seine bunte Mischung und seine Vielfalt an Angeboten für jeden etwas Wunderbares bereithält! Ich selbst war vor einigen Jahren im Mai dort. Diesen Monat kann ich nur wärmstens empfehlen für den Aufenthalt in Barcelona. Es war zwar, außer vielleicht für die ganz Waghalsigen, noch etwas zu kalt, um am Strand zu liegen und baden zu gehen. Doch man konnte herrlich nur in T-Shirt oder mit leichter

Jacke durch die Stadt laufen, sowohl drinnen als auch draußen ließ es sich super aushalten und auch abends konnte man noch lange draußen sitzen, ohne zu frieren.

Am besten gefiel mir aber die gesamte Atmosphäre in der Stadt. Zum einen das maritime und mediterrane Flair, wenn man entlang der schönen Uferpromenade schlenderte, auf der anderen Seite die hügelige Berglandschaft in der Natur, die im Gegensatz zur pulsierenden Großstadtmetropole so viel Ruhe ausstrahlt. Aber auch dieses lebendige Treiben in der Stadt hat seinen Reiz und mit seiner Vielzahl an Geschäften, Boutiquen, aber auch Bars und Clubs viel zu bieten. Trotz dessen bietet Barcelona mit seinen schmalen Gassen und süßen Cafés auch immer eine Rückzugsmöglichkeit zum gemütlichen Verweilen.

Beeindruckt haben mich in der Stadt kulturell vor allem die Bauwerke Gaudís wie das Casa Batlló und das Casa Mila, da sie einfach so einzigartig entworfen worden sind. Mein persönliches Highlight Gaudís war jedoch etwas anderes: Der Park Güell. Er bietet eine Mischung aus Natur und Architektur und am Ende wird man von der Terrasse des

Hauptplatzes aus mit einem unvergleichbaren Blick über Barcelona belohnt.

Ganz persönlich empfand ich auch den Besuch eines Spiels beim großen FC Barcelona als einer der Momente, der mir für immer in Erinnerung bleiben wird. Das Stadion erzeugte mit seiner Größe und seiner Art, wie es gebaut ist, bei mir eine Gänsehaut und eine Überwältigung, wie man sie nicht oft erlebt. Dadurch, dass es fast keine überdachten Bereiche gibt und es gefühlt bis in die Wolken gebaut ist, fühlt man sich dem Himmel so nah. Dazu kommt die Tatsache, dass man dort einige der besten Spieler der Welt beim Ausleben ihrer Fußballkunst zuschauen darf.

Es ist die Bandbreite an Dingen, die Barcelona für mich so speziell macht. Von der Architektur, bis über die katalanische Kulinarik, die herzlichen Leute vor Ort, die Landschaft, das Klima sowie das Angebot an Museen, Bauwerken, Vierteln, Shoppingmöglichkeiten, Restaurants und Bars oder auch Ausflugszielen in der Umgebung um Barcelona herum. Dies alles verleiht Barcelona seinen unvergleichlichen Charme und macht es für mich zu einem Reiseziel, das man unbedingt einmal gesehen haben muss!

Packliste

Geld & Finanzen

O (evtl.) Auslandswährung
O Bargeld
O Bauchtasche
O Brustbeutel
O Bauchtasche
O EC-Karte
O Kreditkarte
O Notfall-Telefonnummern der Banken
O Portmonee

Hygiene

O Haarbürste / Kamm
O Deo (klein)
O Shampoo
O Kulturtasche
O Sonnencreme
O Taschentücher

O Reise-Zahnbürste und Zahnpasta
O Verhütungsmittel

Kleidung

O Badeklamotten
O Gürtel
O Hosen kurz / lang
O Mütze / Cap / Hut
O Pullover
O Regenjacke
O Schlafanzug
O Socken
O Sonnenbrille
O Sportklamotten / Jogginghose
O T-Shirts
O Unterwäsche

Medikamente

O Blasenpflaster
O Anti-Durchfalltabletten
O Erste-Hilfe-Set

O Fiebertabletten
O Fiebertabletten
O Mückenschutz
O sonstige Medikamente
O Pflaster
O Kopfschmerztabletten

Unterlagen & Papiere

O ADAC Unterlagen
O Adresslisten für Postkarten
O Krankversicherungsnachweis
O Stadtplan
O Führerschein
O Unterlagen für die Unterkunft
O Wasserdichte Hülle für Reiseunterlagen
O Impfausweis
O Mietwagenunterlagen
O Personalausweis
O Reisepass
O Reisetagebuch
O evtl. Studentenausweis

O evtl. Visum
O Zug- / Bahn- / Flugticket

Taschen & Rucksäcke

O Koffer / Trolley / Reisetasche
O Regenhülle für Rucksack
O Rucksack

Schuhe

O Badeschlappen / Hausschuhe
O Schuhe und Wechselschuhe

Sonstiges

O Brille / Kontaktlinsen und Etui
O Buch zum Lesen
O Ohrenstöpsel und Schlafmaske
O Regenschirm
O Reisedecke
O Wasserflasche
O Wörterbuch

Elektronik

O Digitalkamera
O Handy
O Ladekabel
O Kopfhörer
O evtl. Steckdosenadapter
O Power-Bank

Herstellung und Verlag:
BoD – Books on Demand, Norderstedt
ISBN: 9783751971683

Kontakt: Psiana eCom UG/ Berumer Str. 44/ 26844 Jemgum
Covergestaltung: Fenna Larsson
Coverfoto: depositphotos.com